Die Erfindung des Zölibats

Ehelosigkeit und wohlüberlegter Verzicht

Eine Betrachtung

von

Lutz Spilker

DIE ERFINDUNG DES ZÖLIBATS – EHELOSIGKEIT UND WOHLÜBERLEGTER VERZICHT

Bibliografische Information der Deutschen Nationalbibliothek:
Die Deutsche Nationalbibliothek verzeichnet diese Publikation in der Deutschen Nationalbiblio-
grafie; detaillierte bibliografische Daten sind im Internet über http://dnb.dnb.de abrufbar.

Softcover ISBN: 978-3-384-14297-9
Ebook ISBN: 978-3-384-14298-6

Druck und Distribution im Auftrag des Autors:
tredition GmbH, An der Strusbek 10, 22926 Ahrensburg, Germany

Die im Buch verwendeten Grafiken entsprechen den
Nutzungsbestimmungen der Creative-Commons-Lizenzen (CC).

Inhalt

Staat und Kirchen können nur zwei
Möglichkeiten dulden:
Ehe oder Prostitution, und in den meisten Fällen
ist ihnen die Liebe außerhalb dieser beiden Gehege
verdächtig.

Heinrich Böll

Heinrich Theodor Böll (* 21. Dezember 1917 in Köln; † 16. Juli 1985 in
Kreuzau-Langenbroich) war ein deutscher Schriftsteller. Er gilt als einer der
bedeutendsten Autoren der Nachkriegszeit.

Vorwort

Die Erfindung des Zölibats hat über die Jahrhunderte hinweg die Struktur und Dynamik der katholischen Kirche maßgeblich beeinflusst. Die Entscheidung, sich der freiwilligen Enthaltsamkeit von sexuellen Beziehungen zu verpflichten, hat eine komplexe und faszinierende Geschichte, die nicht nur theologische, sondern auch soziokulturelle Dimensionen umfasst. Dieses Sachbuch lädt den Leser ein, sich auf eine Reise durch die Entwicklung des Zölibats zu begeben, von seinen frühesten Anfängen bis zu den aktuellen Debatten und Herausforderungen.

Die historische Genese des Zölibats ist geprägt von divergierenden Auffassungen über die Rolle von Ehe und Sexualität für Geistliche in den ersten Jahrhunderten der christlichen Ära. Die Entscheidung, den Zölibat für Kleriker zu institutionalisieren, wurde auf verschiedenen kirchlichen Konzilen und durch päpstliche Erklärungen getroffen. Insbesondere das Erste Laterankonzil im Jahr 1123 und das Zweite Laterankonzil im Jahr 1139 markierten entscheidende Wendepunkte, die das Zölibat für Priester verpflichtend machten.

Die Motivation hinter dieser Verpflichtung war vielschichtig. Die katholische Kirche interpretierte das Zölibat als Mittel zur Sicherung der Reinheit und Hingabe der Geistlichen. Die Idee, dass ein ungebundenes Leben die spirituelle Integrität stärkt,

durchzog die theologischen Diskurse und fand in diesen historischen Ereignissen ihren Ausdruck.

Es ist von großer Relevanz zu bemerken, dass die Praxis des
Zölibats nicht uniform über alle christlichen Konfessionen
hinweg besteht. Einige Kirchen erlauben verheiratete Geistliche, während in der römisch-katholischen Kirche das Zölibat
für Priester weiterhin obligatorisch bleibt. Dieses Buch wird
sich eingehend mit den unterschiedlichen Auslegungen und
Praktiken innerhalb der christlichen Welt auseinandersetzen,
um ein umfassendes Verständnis für die Vielschichtigkeit dieses Themas zu vermitteln.

Die Erfindung des Zölibats ist somit nicht nur eine theologische Abhandlung, sondern auch eine Reflexion über den Wan-
del von Traditionen, den Einfluss von gesellschaftlichen Nor-
men und die kontinuierliche Suche nach spiritueller Vollkommenheit innerhalb der katholischen Kirche. In den folgenden
Kapiteln werden wir uns vertiefend mit diesen Aspekten auseinandersetzen, um ein facettenreiches Bild der Geschichte und
Bedeutung des Zölibats zu zeichnen.

Definition des Zölibats

Das Zölibat, ein Begriff, der aus dem lateinischen Wort ›caelibatus‹ abgeleitet ist, bezeichnet die freiwillige Entscheidung, auf sexuelle Beziehungen und Ehe zu verzichten, insbesondere im Rahmen religiöser Praktiken.

Es ist eine Tradition, die in verschiedenen Kulturen und religiösen Kontexten zu finden ist, jedoch besonders eng mit dem katholischen Priestertum verbunden ist. Für katholische Priester bedeutet das Zölibat, dass sie sich dazu verpflichten, ihr Leben lang keusch zu leben und auf romantische Partnerschaften zu verzichten, um sich ganz ihrem spirituellen Dienst zu widmen.

Historischer Kontext

Die Geschichte des Zölibats reicht weit zurück und ist eng mit der Entwicklung des Christentums verbunden. Bereits in den frühen christlichen Gemeinden gab es eine Anerkennung der Bedeutung des Zölibats für bestimmte spirituelle Berufungen. Die Apostel Paulus und Petrus wurden oft als Vorbilder zitiert, die ihr Leben Gott vollständig widmeten, ohne durch familiäre Bindungen beeinträchtigt zu werden.

Im Laufe der Jahrhunderte entwickelte sich das Zölibat zu einer festen Institution innerhalb der katholischen Kirche. Im 4. Jahrhundert erließ das Konzil von Elvira in Spanien eine Regel, die es Priestern verbot, nach ihrer Weihe zu heiraten, und bereits bestehende Ehen wurden unter bestimmten Bedingungen toleriert. Diese Regelung wurde später durch verschiedene kirchliche Dekrete und Synoden bekräftigt und ausgebaut.

Eine der bedeutendsten Entwicklungen in Bezug auf das Zölibat war die Reformbewegung des 11. Jahrhunderts, insbesondere unter Papst Gregor VII. Diese Reformen hatten das Ziel, die Unabhängigkeit der Kirche von weltlichen Einflüssen zu stärken und die Moralität und Integrität des Klerus zu erhöhen. Das Zölibat spielte dabei eine zentrale Rolle, da es als Symbol der Reinheit und Hingabe an Gott angesehen wurde.

Trotz seiner langen Tradition hat das Zölibat immer wieder Kontroversen und Diskussionen ausgelöst. Einige Kritiker argumentieren, dass die Pflicht zum Zölibat unnatürlich sei und zu Problemen wie Einsamkeit, Depression und sogar sexuellem Missbrauch unter den Priestern führen könne. Dennoch bleibt das Zölibat eine feste und unverzichtbare Praxis im katholischen Priestertum und prägt nach wie vor das Leben vieler Geistlicher und Gläubiger weltweit.

Die Frühzeit der Kirche

Ursprünge des Zölibats

Die Ursprünge des Zölibats reichen bis in die frühe Geschichte der christlichen Kirche zurück, als die Gemeinden noch in einem dynamischen Prozess der Organisation und Ausgestaltung ihres Glaubenslebens waren.

In dieser Zeit gab es eine Vielzahl von Praktiken und Überzeugungen in Bezug auf eheliche Bindungen und sexuelle Enthaltsamkeit, die den Grundstein für das spätere Verständnis des Zölibats legten.

Frühe Praktiken der Kirche

In den ersten Jahrhunderten des Christentums gab es eine Vielfalt von Ansichten und Praktiken in Bezug auf Ehe und sexuelle Enthaltsamkeit innerhalb der christlichen Gemeinden. Einige Gläubige lebten in ehelicher Gemeinschaft, während andere sich freiwillig der Enthaltsamkeit widmeten, um sich ganz dem Gebet und dem Dienst an Gott zu widmen.

Die Apostel Paulus und Petrus wurden oft als Vorbilder zitiert, die sich für ein Leben in Keuschheit und Hingabe an Gott entschieden hatten. Ihre Schriften, insbesondere die Briefe des Paulus an die Korinther und an Timotheus, enthielten Anweisungen und Empfehlungen zur Ehe und zur Bedeutung der sexuellen Enthaltsamkeit für bestimmte Berufungen im Dienst der Kirche.

Es gab auch frühe christliche Gemeinschaften, die eine radikale Form der Enthaltsamkeit praktizierten, bei der verheiratete Paare sich entschieden, ihre eheliche Gemeinschaft zu beenden und in vollständiger Keuschheit zu leben. Diese Praxis wurde von einigen als radikaler Ausdruck des Glaubens und der Hingabe an Gott angesehen, während andere sie als unnatürlich und inakzeptabel betrachteten.

Während dieser Zeit gab es noch keine einheitliche Regelung oder Verpflichtung zum Zölibat für alle geistlichen Amtsträger. Die Praxis der sexuellen Enthaltsamkeit wurde oft von individuellen Entscheidungen und lokalen Traditionen geprägt. Es war erst im Laufe der Jahrhunderte, durch kirchliche Dekrete und Synoden, dass das Zölibat zu einer verbindlichen Regelung für den Klerus wurde und seine Bedeutung als Symbol der Reinheit und Hingabe an Gott festigte.

Klosterleben im Mittelalter

Die Rolle des Zölibats im Kloster

Das Mittelalter war eine Zeit großer Bedeutung für das Klosterleben und das Zölibat spielte dabei eine zentrale Rolle.

Klöster dienten als Zentren des geistlichen Lebens, der Bildung, der sozialen Unterstützung und der kulturellen Entwicklung. Die Mönche und Nonnen, die in diesen Klöstern lebten, verpflichteten sich zum Zölibat und lebten in einer Gemeinschaft, die von diesem Ideal geprägt war.

Das Zölibat hatte mehrere wichtige Auswirkungen auf das Klosterleben und die Gemeinschaft:

Spiritualität und Hingabe

Das Zölibat wurde als Ausdruck der Hingabe an Gott und der Verpflichtung zur Reinheit und Keuschheit betrachtet. Die Mönche und Nonnen sahen ihre Enthaltsamkeit als Mittel zur Vertiefung ihrer spirituellen Praxis und zur Nähe zu Gott.

Gemeinschaftliches Leben

Das Leben im Kloster war stark von der Gemeinschaft geprägt. Durch das Zölibat konnten die Mönche und Nonnen sich ganz auf das gemeinsame Gebet, die Arbeit und die geistliche Unterweisung konzentrieren, ohne durch familiäre Verpflichtungen abgelenkt zu werden.

Vorbild und Autorität

Die Enthaltsamkeit der Mönche und Nonnen diente auch als Vorbild für die Gläubigen und als Zeichen der Autorität und Integrität der Klostergemeinschaft. Das Zölibat wurde als ein heiliger Lebensstil angesehen, der Respekt und Bewunderung hervorrief.

Bildung und Kultur

Viele der bedeutendsten kulturellen und intellektuellen Errungenschaften des Mittelalters waren eng mit den Klöstern und ihren Bewohnern verbunden. Die Mönche und Nonnen, die sich dem Zölibat verpflichteten, hatten die Möglichkeit, sich ganz der Studie, dem Schreiben und der Lehre zu widmen, was zu bedeutenden Fortschritten in Bereichen wie Theologie, Philosophie, Kunst und Literatur führte.

Insgesamt hatte das Zölibat eine tiefgreifende und weitreichende Bedeutung für das Klosterleben im Mittelalter. Es prägte nicht nur die spirituelle Praxis und die Lebensweise der Mönche und Nonnen, sondern hatte auch einen großen Einfluss auf die Entwicklung der mittelalterlichen Gesellschaft und Kultur.

Zölibat und Macht

Politische Dimensionen des Zölibats

Das Zölibat hat im Laufe der Geschichte eine bedeutende politische Dimension entwickelt, insbesondere im Hinblick auf seinen Einfluss auf kirchliche Hierarchien und die Verteilung von Macht innerhalb der Kirche.

Einfluss auf kirchliche Hierarchien

Das Zölibat war nicht nur eine Frage der spirituellen Praxis, sondern auch ein Instrument zur Sicherung und Festigung der Autorität und Macht innerhalb der Kirche. Indem die Priesterschaft dazu verpflichtet wurde, auf familiäre Bindungen zu verzichten, konnten kirchliche Hierarchien gestärkt und kontrolliert werden.

In vielen Fällen diente das Zölibat dazu, den Einfluss der kirchlichen Führungsebene zu festigen, indem es die Treue und Loyalität der Geistlichen gegenüber dem kirchlichen Establishment sicherte. Die Entscheidung, lediglich zölibatäre Männer in bestimmte Positionen zu berufen, ermöglichte es den kirchlichen Autoritäten, loyalistische Verbündete zu ernennen und potenzielle Rivalen auszuschließen.

Darüber hinaus hatte das Zölibat auch Auswirkungen auf die Struktur und Organisation der Kirche selbst. Die Trennung von kirchlicher Autorität und familiären Bindungen schuf eine klar definierte Hierarchie, in der die Macht von oben nach unten durch die geistliche Leitung übertragen wurde, ohne dass familiäre oder dynastische Interessen eine Rolle spielten.

Herausforderungen und Kontroversen

Trotz seiner politischen Bedeutung war das Zölibat auch Gegenstand von Herausforderungen und Kontroversen innerhalb der Kirche. In einigen Fällen führte der Zwang zum Zölibat zu Spannungen und Konflikten innerhalb des Klerus, besonders wenn Geistliche sich gegen die Regelung des Zölibats auflehnten oder sie als unnatürlich oder unangemessen empfanden.

Darüber hinaus gab es historische Beispiele, in denen das Zölibat als Instrument politischer Machtausübung missbraucht wurde, um bestimmte politische oder religiöse Ziele zu erreichen. Dies führte zu Debatten über die Legitimität und Notwendigkeit des Zölibats innerhalb der Kirche und darüber, inwieweit es als ein Mittel zur Sicherung von Macht und Autorität eingesetzt werden sollte.

Insgesamt zeigt die politische Dimension des Zölibats, wie eng verwoben spirituelle Praktiken und institutionelle Macht in der Geschichte der Kirche waren und wie das Zölibat als Instrument zur Festigung und Sicherung dieser Macht eingesetzt wurde.

Kontroversen und Herausforderungen

Frühmittelalterliche Diskussionen

Das Frühmittelalter war eine Zeit intensiver Diskussionen und Debatten über das Zölibat innerhalb der Kirche. In dieser Periode traten verschiedene Reformbewegungen auf, die das bestehende System der Enthaltsamkeit und des Zölibats hinterfragten und reformieren wollten.

Reformbewegungen

Eine der bedeutendsten Reformbewegungen des Frühmittelalters war die Reformbewegung des Cluniazenserordens. Gegründet im 10. Jahrhundert von Benediktinermönchen, setzte sich der Cluniazenserorden* für eine strenge Einhaltung des Zölibats und eine Reformierung des klerikalen Lebens ein. Die Cluniazenser förderten eine Rückkehr zur Spiritualität und Disziplin innerhalb der Kirche und lehnten die weltliche Einmischung in kirchliche Angelegenheiten ab.

---

* = Die Cluniazensische Reform war eine vom burgundischen Benediktinerkloster Cluny ausgehende geistliche Reformbewegung der katholischen Kirche des Hochmittelalters, die zuerst das Klosterleben und dann das Papsttum erfasste. Ausgelöst hatte die Reform der moralische Niedergang der Kirche im sogenannten Dunklen Jahrhundert der Kirchengeschichte, als nach dem Ende des Karolingerreiches zwischen 882 und 962 das kirchliche Leben moralisch auf einen Tiefpunkt gesunken war und sich schwere Missstände entwickelt hatten.

Die Hauptgedanken der Reform waren:

- strenge Beachtung der Benediktsregel
- größte Gewissenhaftigkeit bei den täglichen Gottesdiensten
- Vertiefung der Frömmigkeit des einzelnen Mönches
- Erinnerung an die Vergänglichkeit des Irdischen mit der Mahnung: Bedenke, dass du sterben musst.

Daneben standen eine Reform der Klosterwirtschaft und Loslösung der Klöster aus dem Herrschaftsanspruch der Bischöfe; die Klöster wurden direkt dem Schutz des Papstes unterstellt. Im Streit zwischen Kaiser und Papst (Investiturstreit) unterließ es Cluny, Partei zu ergreifen, stand aber in Fragen der Simonie und des Zölibats auf Seiten der Reformpäpste.

→ https://de.wikipedia.org/wiki/Cluniazensische_Reform

Eine weitere wichtige Reformbewegung war die Gregorianische Reform, benannt nach Papst Gregor VII. Diese Bewegung, die im 11. Jahrhundert ihren Höhepunkt erreichte, setzte sich für die Unabhängigkeit der Kirche von weltlichen Einflüssen und die Stärkung der Autorität des Papsttums ein. Das Zölibat spielte eine zentrale Rolle in den Reformbemühungen, da es als Symbol der Reinheit und Unabhängigkeit der geistlichen Führung angesehen wurde.

Trotz der Bemühungen dieser Reformbewegungen gab es weiterhin Kontroversen und Herausforderungen im Zusammenhang mit dem Zölibat. Einige Geistliche und Laien lehnten die Pflicht zum Zölibat ab und forderten eine Lockerung oder Aufhebung dieser Regelung. Andere kritisierten den Missbrauch des Zölibats als Mittel zur Machtausübung und Kontrolle innerhalb der Kirche.

Die frühmittelalterlichen Diskussionen über das Zölibat legten den Grundstein für weitere Debatten und Reformen in späteren Jahrhunderten. Sie verdeutlichten die Komplexität und Vielschichtigkeit dieser Thematik sowie die unterschiedlichen Ansichten und Überzeugungen innerhalb der Kirche über die Bedeutung und Ausgestaltung des Zölibats.

Das Konzil von Trient

Offizielle Einführung des Zölibats

Das Konzil von Trient, das von 1545 bis 1563 tagte, war eines der wichtigsten Konzile der katholischen Kirche und hatte tiefgreifende Auswirkungen auf die kirchliche Lehre und Praxis.

Eine der bedeutendsten Entscheidungen, die auf dem Konzil von Trient getroffen wurde, war die offizielle Einführung und Festigung des Zölibats als verpflichtende Regelung für den katholischen Klerus.

Reaktionen und Umsetzung

Die Einführung des Zölibats durch das Konzil von Trient stieß auf unterschiedliche Reaktionen innerhalb der Kirche und der Gesellschaft. Einerseits wurde die Entscheidung von vielen Geistlichen und Gläubigen begrüßt, die das Zölibat als wesentlichen Bestandteil des geistlichen Lebens und der spirituellen Reinheit betrachteten. Sie sahen die offizielle Festigung des Zölibats als einen wichtigen Schritt zur Stärkung der moralischen Integrität und Autorität des katholischen Klerus.

Andererseits gab es auch Kritik und Widerstand gegen die Einführung des Zölibats. Einige Geistliche und Laien lehnten die Pflicht zum Zölibat ab und sahen sie als eine unnatürliche und ungesunde Einschränkung der menschlichen Sexualität an.

Andere befürchteten, dass die Einführung des Zölibats zu einem Mangel an qualifizierten Priestern führen könnte, da viele Männer sich möglicherweise nicht bereit erklären würden, auf eine Ehe und familiäre Bindungen zu verzichten.

Die Umsetzung des Zölibats nach dem Konzil von Trient gestaltete sich in einigen Fällen schwierig und umstritten. Insbesondere in Regionen, in denen das Zölibat bisher nicht strikt durchgesetzt wurde, gab es Widerstand und Ungehorsam gegen die neue Regelung. Dennoch setzte die katholische Kirche verschiedene Maßnahmen ein, um das Zölibat durchzusetzen, darunter die Ausbildung und Ernennung von zölibatären Priestern, die Überwachung der Einhaltung der Regelung und die Bestrafung von Verstößen gegen das Zölibat.

Insgesamt hatte das Konzil von Trient eine nachhaltige und weitreichende Wirkung auf die Einführung und Festigung des Zölibats in der katholischen Kirche. Trotz der Kontroversen und Herausforderungen, die mit dieser Entscheidung verbunden waren, bleibt das Zölibat bis heute eine zentrale und unverzichtbare Praxis im katholischen Priestertum.

Zölibat in anderen Religionen

Das Phänomen des Zölibats ist nicht ausschließlich auf das Christentum beschränkt, sondern findet auch in anderen Religionen und spirituellen Traditionen seinen Platz.

Die offizielle Einführung des Zölibats in verschiedenen religiösen Kontexten wurde von unterschiedlichen Reaktionen und Umsetzungen begleitet, die die Vielfalt und Komplexität dieser Praxis widerspiegeln.

Buddhismus

Im Buddhismus gibt es verschiedene Strömungen und Schulen, von denen einige den Zölibat als integralen Bestandteil des geistlichen Lebens betrachten. Insbesondere in den Mönchsorden, wie beispielsweise im Theravada- und im Mahayana-Buddhismus, ist der Zölibat eine verbreitete Praxis unter den Mönchen. Die offizielle Einführung des Zölibats in diesen Orden erfolgte oft durch religiöse Dekrete und Traditionen, die von den Lehren des Buddha und den Vorbildern der frühen Mönchsgelehrten inspiriert waren.

Die Reaktionen auf die Einführung des Zölibats im Buddhismus waren vielfältig und hingen oft von den individuellen Überzeugungen und kulturellen Traditionen der betroffenen Gemeinschaften ab. Einige Gläubige begrüßten die Entscheidung als einen Schritt zur Vertiefung der spirituellen Praxis und zur Erhöhung der moralischen Integrität der Mönche, während andere skeptisch waren und die Notwendigkeit oder Sinnhaftigkeit des Zölibats in Frage stellten.

Die Umsetzung des Zölibats im Buddhismus wurde von den jeweiligen Mönchsorden und Gemeinschaften durchgeführt, wobei verschiedene Maßnahmen ergriffen wurden, um die Einhaltung der Regelung sicherzustellen und Verstöße dagegen zu ahnden. Trotz Herausforderungen und Kontroversen bleibt der Zölibat im Buddhismus eine bedeutende und weit verbreitete Praxis, die das Leben vieler Mönche und Nonnen prägt.

Hinduismus

Im Hinduismus gibt es ebenfalls verschiedene Traditionen und Schulen, von denen einige den Zölibat als spirituelle Praxis und Lebensstil empfehlen. Insbesondere in den Asketengemeinschaften und religiösen Orden, wie den Sadhus* und Sannyasins**, ist der Zölibat eine weit verbreitete Praxis, die darauf abzielt, die Bindungen an die Welt zu lösen und sich ganz dem spirituellen Streben zu widmen.

* = Sadhu (Sanskrit साधु IAST sādhu, deutsch ‚Guter oder auch: Heiliger Mann') ist im Hinduismus ein Oberbegriff für jene, die sich einem religiösen, teilweise streng asketischen Leben verschrieben haben, besonders bezeichnet es die Mönche der verschiedenen hinduistischen Orden.
→ https://de.wikipedia.org/wiki/Sadhu

** = Sannyasin (Sanskrit संन्यासिन् saṃnyāsin [Stammform], saṃnyāsī [Nominativ], in der Umschrift meist Samnyasi[n] oder Sannyasi[n]) kommt aus dem Sanskrit und ist eine Ableitung (mit dem in-Suffix, analog zu yoga + -in > yogin

›der Yogi, Yoga Praktizierende‹) von saṃyāsa ›Aufgeben, Entsagung‹ (Verbalpräfixe sam + ni + Verbwurzel as + Suffix -a).

Sannyas ist eine von der spirituellen Suche bestimmte Lebensart. Sannyasin bezeichnet im Hinduismus, im Sinne einer brahmanischen Entsagung, einen Menschen, welcher der Welt entsagt hat und in völliger Besitzlosigkeit lebt. Sein ganzes Streben ist auf Moksha, die Befreiung vom Karma und vom Kreislauf von Geburt und Tod durch Vereinigung mit Gott oder der höchsten Wirklichkeit gerichtet. Manche umherwandernde Sannyasins begnügen sich mit einem Platz in der Nähe eines Tempels; andere leben in Höhlen oder sind völlig heimatlos auf ständiger Wanderschaft. Asketisch und ungebunden lebende Sadhus, wie u. a. hinduistische Mönche genannt werden, sind Sannyasins. Sannyasins tragen traditionell orangefarbene Gewänder.

Sannyas nennt man auch die letzte der vier Stufen eines idealen Hindu-Lebens, das der Dharma, die hinduistische Ethik, als Ideal vorsieht: Im letzten Abschnitt des Lebens ist es demnach angemessen, sich von allem Weltlichen zu lösen und sich heimatlos, von milden Gaben ernährend, der Suche nach Erlösung zu widmen.
→ https://de.wikipedia.org/wiki/Sannyasin

Die Einführung des Zölibats im Hinduismus wurde von verschiedenen Reaktionen begleitet, die von der Akzeptanz und Unterstützung bis hin zur Ablehnung und Skepsis reichten. Einige Gläubige betrachteten den Zölibat als eine ehrenvolle und heilige Praxis, die es den Suchenden ermöglichte, sich vollständig auf den Pfad der Erleuchtung zu konzentrieren, während andere ihn als unnatürlich oder unrealistisch ansahen und die Bedeutung anderer spiritueller Praktiken betonten.

Die Umsetzung des Zölibats im Hinduismus erfolgte durch die individuelle Entscheidung der Suchenden, sich dem asketischen Lebensstil zu widmen, sowie durch die Anleitung und Unterstützung durch erfahrene Lehrer und spirituelle Führer. Trotz der Vielfalt der Ansichten und Praktiken bleibt der Zölibat im Hinduismus ein bedeutender und respektierter Teil des religiösen Lebens vieler Suchender und spiritueller Aspiranten.

Vergleichende Perspektiven

Das Phänomen des Zölibats lässt sich in verschiedenen religiösen Traditionen und spirituellen Praktiken weltweit finden. Ein Vergleich dieser Traditionen ermöglicht es, Gemeinsamkeiten und Unterschiede hinsichtlich der Bedeutung, der Praxis und der Auswirkungen des Zölibats zu erkennen.

Gemeinsamkeiten

Eine wichtige Gemeinsamkeit zwischen den verschiedenen religiösen Traditionen in Bezug auf das Zölibat ist die Betonung der spirituellen Reinheit und Hingabe. In vielen Kulturen wird der Verzicht auf sexuelle Beziehungen und familiäre Bindungen als Mittel angesehen, um sich ganz dem spirituellen Streben und der Nähe zu Gott oder dem Göttlichen zu widmen.

Darüber hinaus wird das Zölibat oft als eine Form der Entsagung betrachtet, die es den Praktizierenden ermöglicht, die weltlichen Begierden zu überwinden und sich auf das Wesentliche zu konzentrieren. Dieser Verzicht auf materielle und körperliche Bedürfnisse soll dazu beitragen, innere Ruhe, Erleuchtung und spirituelles Wachstum zu erreichen.

Unterschiede

Trotz dieser Gemeinsamkeiten gibt es auch signifikante Unterschiede in der Ausgestaltung und Bedeutung des Zölibats in den verschiedenen religiösen Traditionen. Zum Beispiel wird das Zölibat im Christentum oft als eine verpflichtende Regelung für bestimmte geistliche Ämter betrachtet, während es im Hinduismus und Buddhismus eher als eine freiwillige Praxis angesehen wird, die von den individuellen Entscheidungen der Gläubigen abhängt.

Des Weiteren variieren die Ansichten über die moralische Bewertung des Zölibats in verschiedenen Traditionen. Während es im Christentum und im Buddhismus oft als Ausdruck der Heiligkeit und Reinheit angesehen wird, gibt es im Hinduismus auch kritische Stimmen, die den Verzicht auf familiäre Bindungen als unnatürlich oder unrealistisch betrachten.

Die Umsetzung und Praxis des Zölibats können ebenfalls stark variieren, abhängig von kulturellen, historischen und sozialen Faktoren. In einigen Traditionen leben zölibatäre Praktizierende in strengen Gemeinschaften und folgen einem strikten Regelwerk, während in anderen Traditionen mehr Flexibilität und individuelle Interpretationen erlaubt sind.

Insgesamt zeigt der Vergleich der verschiedenen religiösen Perspektiven auf das Zölibat die Vielfalt und Komplexität dieses Phänomens sowie die unterschiedlichen kulturellen und historischen Kontexte, in denen es sich manifestiert. Trotz der Unterschiede betonen alle Traditionen die Bedeutung des Verzichts und der spirituellen Hingabe als Wege zur inneren Erfüllung und spirituellen Erleuchtung.

Zölibat in der Renaissance

Kulturelle Entwicklungen

Die Renaissance war eine Zeit des Wandels und der Erneuerung in vielen Bereichen des menschlichen Lebens, einschließlich der Religion und des spirituellen Denkens.

Das Zölibat, als eine lang etablierte Praxis innerhalb der katholischen Kirche, war auch während dieser Periode Gegenstand von Diskussionen, Kritik und Unterstützung.

Kritik am Zölibat

Während der Renaissance gab es eine zunehmende kritische Auseinandersetzung mit dem Zölibat und seiner Rolle in der Kirche. Einige Gelehrte und Intellektuelle betrachteten das Zölibat als eine unnatürliche und ungesunde Einschränkung der menschlichen Sexualität, die zu Problemen wie Einsamkeit, Depression und sexuellem Missbrauch unter den Priestern führen könnte.

Darüber hinaus wurde das Zölibat auch als Mittel zur Machtausübung und Kontrolle innerhalb der Kirche kritisiert. Einige Kritiker argumentierten, dass die Pflicht zum Zölibat dazu diene, die Autorität der kirchlichen Hierarchie zu festigen und potenzielle Rivalen auszuschließen, anstatt den spirituellen Zielen der Reinheit und Hingabe zu dienen.

Unterstützung für das Zölibat

Trotz der Kritik gab es auch weiterhin eine starke Unterstützung für das Zölibat innerhalb der katholischen Kirche und der Gesellschaft. Viele Gläubige betrachteten das Zölibat als eine heilige und ehrenvolle Praxis, die es den Priestern ermöglichte, sich ganz dem Dienst an Gott und den Bedürfnissen der Gemeinde zu widmen, ohne durch familiäre Verpflichtungen abgelenkt zu werden.

Darüber hinaus wurde das Zölibat auch als eine Form der Entsagung und der geistlichen Reinigung angesehen, die es den Praktizierenden ermöglichte, sich von weltlichen Begierden zu lösen und sich ganz auf das spirituelle Streben zu konzentrieren. Diese positiven Aspekte des Zölibats wurden von den Befürwortern als grundlegende Prinzipien des geistlichen Lebens und der religiösen Hingabe betrachtet.

Insgesamt spiegeln die Diskussionen und Debatten über das Zölibat in der Renaissance die Vielschichtigkeit und Komplexität dieser Thematik wider. Trotz der Herausforderungen und der Kritik blieb das Zölibat eine zentrale und unverzichtbare Praxis im katholischen Priestertum, die das Leben vieler Geistlicher und Gläubiger weiterhin prägt.

Aufklärung und Zölibat

Neue Ideen und Kontroversen

Die Zeit der Aufklärung brachte tiefgreifende Veränderungen in vielen Bereichen des menschlichen Denkens und Handelns mit sich, darunter auch in Bezug auf das Zölibat und die Rolle der Kirche.

Neue Ideen und Kontroversen entstanden, die einen erheblichen Einfluss auf die kirchliche Praxis hatten und die Diskussionen über das Zölibat neu entfachten.

Einfluss auf die kirchliche Praxis

Während der Aufklärung wurden traditionelle Autoritäten und Überzeugungen zunehmend in Frage gestellt, auch in Bezug auf das Zölibat. Intellektuelle und Philosophen argumentierten, dass das Zölibat eine unnatürliche und ungesunde Praxis sei, die die menschliche Sexualität unterdrücke und zu emotionaler Instabilität und moralischem Verfall führen könne.

Diese Kritik am Zölibat wurde von vielen Menschen aufgegriffen und führte zu einer breiten Debatte über die Legitimität und Notwendigkeit dieser Praxis innerhalb der Kirche. Einige forderten eine Lockerung oder Aufhebung des Zölibats, um den Geistlichen die Möglichkeit zu geben, eine Ehe einzugehen und eine Familie zu gründen, ohne dass dies als Hindernis für ihren Dienst angesehen wurde.

Die Diskussionen über das Zölibat während der Aufklärung hatten auch Auswirkungen auf die kirchliche Praxis. Obwohl die offizielle Haltung der Kirche zum Zölibat unverändert blieb, wurden Reformen und Änderungen in der Auslegung und Umsetzung der Regelung eingeleitet, um den sich ändernden gesellschaftlichen und intellektuellen Strömungen Rechnung zu tragen.

Ein Beispiel für eine solche Reform war die Einführung von Ausnahmeregelungen für das Zölibat, die es einigen Geistlichen erlaubten, eine Dispens zu beantragen und eine Ehe einzugehen, wenn besondere Umstände dies erforderten. Diese Maßnahme sollte dazu beitragen, den Druck auf die Geistlichen zu verringern und ihnen mehr Freiheit und Flexibilität in ihrem persönlichen Leben zu ermöglichen.

Insgesamt zeigt die Zeit der Aufklärung, wie tiefgreifend und kontrovers die Diskussionen über das Zölibat waren und wie sie die kirchliche Praxis und die öffentliche Wahrnehmung dieser Praxis beeinflussten. Trotz der Herausforderungen und Kontroversen bleibt das Zölibat bis heute ein zentrales und unverzichtbares Element im katholischen Priestertum, das das Leben vieler Geistlicher und Gläubiger prägt.

Zölibat im 19. Jahrhundert

Soziale Veränderungen

Das 19. Jahrhundert war eine Zeit des Umbruchs und der sozialen Veränderungen, die auch das Zölibat und seine Rolle in der Gesellschaft beeinflussten.

Während dieser Periode traten Konflikte und Anpassungen im Zusammenhang mit dem Zölibat auf, die die Dynamik des katholischen Priestertums prägten.

Konflikte um das Zölibat

In vielen Teilen Europas und darüber hinaus entstanden während des 19. Jahrhunderts Konflikte und Kontroversen um das Zölibat. Die zunehmende Säkularisierung der Gesellschaft und die Aufklärungsideale führten zu einer kritischen Betrachtung der traditionellen kirchlichen Praktiken, einschließlich des Zölibats.

Die Ablehnung des Zölibats durch einige Teile der Gesellschaft spiegelte sich in politischen Bewegungen wider, die auf die Trennung von Kirche und Staat und die Einführung weltlicher Reformen abzielten. Diese Bewegungen forderten eine Lockerung oder Aufhebung des Zölibats und argumentierten, dass es die Freiheit und das Glück der Geistlichen einschränke und zu moralischen Verfehlungen führe.

Anpassungen und Reaktionen

Trotz der Konflikte und Kontroversen gab es auch Anpassungen und Reaktionen seitens der katholischen Kirche auf die sozialen Veränderungen des 19. Jahrhunderts. Eine wichtige Entwicklung war die Stärkung der internen Disziplin und Überwachung innerhalb des Priestertums, um Verstöße gegen das Zölibat zu verhindern und zu bestrafen.

Darüber hinaus wurden in einigen Regionen Ausnahmen und Dispensierungen vom Zölibat gewährt, um den Druck auf die Geistlichen zu verringern und ihnen mehr Freiheit in ihrem persönlichen Leben zu ermöglichen. Diese Maßnahmen sollten dazu beitragen, die Stabilität und Integrität des Priestertums zu bewahren und den gesellschaftlichen Herausforderungen besser zu begegnen.

Trotz der Anpassungen und Reaktionen blieb das Zölibat im 19. Jahrhundert ein umstrittenes Thema, das die Beziehungen zwischen Kirche und Gesellschaft prägte und die Dynamik des katholischen Priestertums beeinflusste. Die Konflikte und Anpassungen dieser Zeit trugen dazu bei, die Debatte über das Zölibat zu vertiefen und neue Fragen nach seiner Bedeutung und Legitimität aufzuwerfen.

Das 11. Jahrhundert bis heute

Modernisierung der Kirche

Seit dem 11. Jahrhundert hat sich die katholische Kirche in einem ständigen Prozess der Anpassung und Modernisierung befunden, der auch das Thema des Zölibats umfasst.

In dieser Zeit haben sich neue Herausforderungen und Diskussionen ergeben, die die Kirche und ihre Haltung zum Zölibat geprägt haben.

Aktuelle Diskussionen und Herausforderungen

In der heutigen Zeit gibt es weiterhin eine lebendige Debatte über das Zölibat und seine Rolle im katholischen Priestertum. Eine der zentralen Diskussionen betrifft die Frage nach der Zugänglichkeit des Priestertums und der Rekrutierung von qualifizierten Kandidaten.

Einige Befürworter des Zölibats argumentieren, dass diese Praxis weiterhin eine wichtige Rolle bei der Förderung von spiritueller Reinheit und Hingabe unter den Geistlichen spielt. Sie betonen die Tradition und die spirituellen Vorteile des Zölibats und befürchten, dass eine Aufhebung oder Lockerung dieser Regelung zu einem Verlust der moralischen Autorität und Integrität des Priestertums führen könnte.

Auf der anderen Seite fordern viele Reformbefürworter eine Überprüfung und mögliche Änderung der Zölibatsregelung, um den Mangel an Priestern in einigen Regionen zu beheben und die Vielfalt und Inklusivität innerhalb der Kirche zu fördern. Sie argumentieren, dass die Pflicht zum Zölibat potenzielle Kandidaten abschrecken kann und die Fähigkeit der Kirche beeinträchtigt, auf die Bedürfnisse ihrer Gemeinden einzugehen.

Darüber hinaus haben verschiedene Skandale und Kontroversen im Zusammenhang mit dem Zölibat, insbesondere in Bezug auf den Missbrauch von Minderjährigen durch Geistliche, zu einer verstärkten öffentlichen Kritik und einer Forderung nach Reformen geführt. Diese Ereignisse haben die Glaubwürdigkeit und das Ansehen der katholischen Kirche stark beeinträchtigt und die Dringlichkeit von Veränderungen im Umgang mit dem Zölibat unterstrichen.

Insgesamt spiegeln die aktuellen Diskussionen und Herausforderungen rund um das Zölibat die Vielschichtigkeit und Komplexität dieser Thematik wider. Die Kirche steht vor der Herausforderung, traditionelle Werte und Lehren mit den Bedürfnissen und Erwartungen der modernen Gesellschaft in Einklang zu bringen und eine angemessene Antwort auf die aktuellen Herausforderungen zu finden.

Psychologische Aspekte des Zölibats

Individuelle Erfahrungen

Das Zölibat, als Verzicht auf sexuelle Beziehungen und familiäre Bindungen, birgt eine Vielzahl psychologischer Aspekte, die die individuellen Erfahrungen der Betroffenen prägen.

Diese Aspekte wurden in der psychologischen Forschung untersucht und bieten Einblicke in die Herausforderungen und Chancen des zölibatären Lebensstils.

Einsamkeit und Isolation

Eine häufig diskutierte psychologische Herausforderung des Zölibats ist die Einsamkeit und Isolation, die einige zölibatäre Praktizierende erleben können. Der Verzicht auf intime Beziehungen und familiäre Bindungen kann dazu führen, dass sich Einzelne allein und isoliert fühlen, insbesondere wenn sie sich von der Gesellschaft oder ihrer Gemeinschaft missverstanden oder abgelehnt fühlen.

Selbstreflexion und Spiritualität

Auf der anderen Seite kann das Zölibat auch zu einer tiefen Selbstreflexion und Spiritualität führen. Indem sie auf die Erfüllung ihrer emotionalen und sexuellen Bedürfnisse verzichten, können zölibatäre Praktizierende einen tieferen Sinn für

Spiritualität und Selbstverwirklichung entwickeln. Sie können sich stärker auf ihre persönliche Beziehung zu Gott oder dem Göttlichen konzentrieren und einen tieferen Sinn in ihrem spirituellen Streben finden.

Identitätsbildung und Selbstakzeptanz

Das Zölibat kann auch eine wichtige Rolle bei der Identitätsbildung und Selbstakzeptanz spielen. Indem sie sich für ein Leben ohne sexuelle Beziehungen entscheiden, können zölibatäre Praktizierende eine klarere Vorstellung von ihrer eigenen Identität und ihren Werten entwickeln. Sie können lernen, sich selbst zu akzeptieren und ihre Entscheidung für das Zölibat als Ausdruck ihrer persönlichen Überzeugungen und spirituellen Ziele zu betrachten.

Bewältigungsstrategien und Unterstützung

Um mit den Herausforderungen des Zölibats umzugehen, entwickeln zölibatäre Praktizierende oft verschiedene Bewältigungsstrategien und suchen nach Unterstützung in ihrer Gemeinschaft oder bei professionellen Beratern. Sie können sich gegenseitig unterstützen, indem sie ihre Erfahrungen teilen und sich gegenseitig ermutigen, ihren spirituellen Weg weiterzugehen.

Insgesamt zeigen die psychologischen Aspekte des Zölibats, wie vielschichtig und individuell die Erfahrungen der zölibatären Praktizierenden sein können. Während einige mit Einsamkeit und Isolation kämpfen, finden andere tiefe spirituelle Erfüllung und Selbstverwirklichung in ihrem zölibatären Lebensstil. Die Forschung auf diesem Gebiet trägt dazu bei, ein besseres Verständnis für die psychologischen Dimensionen des Zölibats zu entwickeln und Unterstützungsmöglichkeiten für zölibatäre Praktizierende bereitzustellen.

Zölibat und sexueller Missbrauch

Analyse von Fällen

Der Zusammenhang zwischen dem Zölibat und sexuellem Missbrauch in der katholischen Kirche ist ein hochkomplexes und kontroverses Thema, das eine gründliche Analyse der Fälle erfordert, sowie die Untersuchung der institutionellen Reaktionen auf diese Vorfälle.

Analyse von Fällen

In den letzten Jahrzehnten sind zahlreiche Fälle von sexuellem Missbrauch durch katholische Geistliche ans Licht gekommen, die oft über einen längeren Zeitraum vertuscht oder nicht angemessen behandelt wurden. Diese Fälle haben tiefe Wunden in den Opfern hinterlassen und das Vertrauen in die Institution Kirche erschüttert.

Eine Analyse der Fälle von sexuellem Missbrauch zeigt, dass das Zölibat zwar nicht direkt die Ursache für diesen Missbrauch ist, aber bestimmte strukturelle und institutionelle Faktoren begünstigt haben könnte. Die Unterdrückung von Sexualität und der Mangel an sozialen Kontakten könnten dazu geführt haben, dass einige Geistliche ihre sexuellen Bedürfnisse auf ungesunde und schädliche Weise auslebten.

Institutionelle Reaktionen

Die institutionellen Reaktionen auf die Fälle von sexuellem Missbrauch in der katholischen Kirche waren in vielen Fällen unzureichend und unangemessen. Oftmals wurden die Täter gedeckt und die Opfer nicht angemessen unterstützt oder entschädigt. Diese Versäumnisse haben zu einem weiteren Vertrauensverlust in die Kirche geführt und die Glaubwürdigkeit der kirchlichen Institutionen beeinträchtigt.

In den letzten Jahren haben viele Diözesen und kirchliche Organisationen Maßnahmen ergriffen, um den Missbrauch zu bekämpfen und die Opfer zu unterstützen. Dazu gehören die Implementierung von Präventionsprogrammen, die Schulung von Geistlichen und Mitarbeitern sowie die Einrichtung von Anlaufstellen für Missbrauchsopfer.

Trotz dieser Bemühungen bleibt der Umgang der katholischen Kirche mit dem sexuellen Missbrauch ein kontroverses Thema, das weiterhin intensiv diskutiert und analysiert wird. Die Institution muss weiterhin hart daran arbeiten, die Opfer zu unterstützen, Gerechtigkeit sicherzustellen und sicherzustellen, dass sich solche Vorfälle in Zukunft nicht wiederholen.

Zölibat und Geschlechtergleichheit

Feministische Perspektiven

Die Frage nach dem Zölibat und seiner Rolle im Zusammenhang mit Geschlechtergleichheit ist ein Thema, das im Kontext feministischer Debatten und Diskussionen eine bedeutende Rolle spielt.

Feministinnen bringen verschiedene Perspektiven und Argumente ein, die die Tradition des Zölibats kritisch hinterfragen und seine Auswirkungen auf die Geschlechtergleichheit analysieren.

Analyse der Tradition

Feministinnen argumentieren oft, dass das Zölibat als eine von Männern dominierte Praxis in der katholischen Kirche dazu beiträgt, patriarchale Strukturen aufrechtzuerhalten und die Unterdrückung von Frauen zu verstärken. Die Tatsache, dass nur Männer zum Zölibat verpflichtet sind, während Frauen in der Kirche aufgrund ihres Geschlechts begrenzte Rollen haben, wird als ein Beispiel für die Ungleichheit und Diskriminierung innerhalb der Institution betrachtet.

Darüber hinaus wird das Zölibat auch als eine Form der Kontrolle über die Sexualität und das Leben von Geistlichen betrachtet, die dazu dienen könnte, die Autorität der männlichen

Hierarchie zu festigen und potenzielle Herausforderungen von Frauen oder anderen marginalisierten Gruppen innerhalb der Kirche zu unterdrücken.

Aktuelle Debatten

In aktuellen Debatten über das Zölibat und Geschlechtergleichheit fordern Feministinnen oft eine Überprüfung und mögliche Änderung der Zölibatsregelung, um mehr Gleichberechtigung und Inklusion innerhalb der Kirche zu fördern. Einige schlagen vor, dass Frauen ebenfalls die Möglichkeit haben sollten, das Zölibat zu wählen, und dass die Kirche offenere Diskussionen über Sexualität und Geschlecht führen sollte, um die Bedürfnisse und Anliegen aller Gläubigen besser zu berücksichtigen.

Darüber hinaus betonen Feministinnen die Bedeutung von Frauen in Führungspositionen innerhalb der Kirche und fordern eine größere Beteiligung von Frauen an Entscheidungsprozessen und an der Gestaltung der kirchlichen Politik. Sie argumentieren, dass eine stärkere Präsenz von Frauen in der Kirche dazu beitragen würde, patriarchale Strukturen aufzubrechen und die Geschlechtergleichheit zu fördern.

Insgesamt zeigen feministische Perspektiven auf das Zölibat und Geschlechtergleichheit die Notwendigkeit einer kritischen Auseinandersetzung mit traditionellen Praktiken und Strukturen innerhalb der katholischen Kirche. Indem sie die Rolle des Zölibats im Kontext von Geschlechterungleichheit analysieren, tragen Feministinnen dazu bei, eine inklusivere und gerechtere Kirche zu schaffen, die die Bedürfnisse und Anliegen aller Gläubigen besser berücksichtigt.

Zölibat und interreligiöser Dialog

Begegnungen mit anderen Glaubensrichtungen

Im Kontext des interreligiösen Dialogs spielt das Thema des Zölibats eine interessante Rolle, da es Gemeinsamkeiten und Unterschiede zwischen den verschiedenen Glaubensrichtungen aufzeigt und gemeinsame Herausforderungen anspricht.

Begegnungen mit anderen Glaubensrichtungen ermöglichen es, den Stellenwert des Zölibats in einem breiteren religiösen Kontext zu verstehen und die damit verbundenen Fragen zu diskutieren.

Gemeinsame Herausforderungen

Eine gemeinsame Herausforderung, mit der sich verschiedene religiöse Traditionen konfrontiert sehen, ist die Frage nach dem Verhältnis von Spiritualität und Sexualität sowie die Herausforderung, eine ausgewogene Balance zwischen diesen beiden Aspekten des menschlichen Lebens zu finden. Während das Zölibat in der katholischen Tradition eine Form der Enthaltsamkeit und Hingabe an Gott darstellt, haben andere Glaubensrichtungen unterschiedliche Ansichten und Praktiken in Bezug auf Ehelosigkeit und sexuelle Enthaltsamkeit.

Darüber hinaus können Begegnungen mit anderen Glaubensrichtungen dazu beitragen, das Verständnis für die kulturellen und historischen Hintergründe des Zölibats zu vertiefen und die Vielfalt der religiösen Praktiken und Überzeugungen zu würdigen. Durch den interreligiösen Dialog können Gemeinsamkeiten und Unterschiede im Umgang mit dem Zölibat besser verstanden und diskutiert werden.

Respekt und Toleranz

Eine weitere wichtige Dimension des interreligiösen Dialogs im Zusammenhang mit dem Zölibat ist der gegenseitige Respekt und die Toleranz gegenüber den Überzeugungen und Praktiken anderer Glaubensrichtungen. Während das Zölibat in der katholischen Tradition eine wichtige Rolle spielt, müssen Gläubige offen sein für die unterschiedlichen Sichtweisen und Lebensweisen anderer religiöser Traditionen.

Durch respektvolle Begegnungen und den Austausch von Erfahrungen können gemeinsame Werte und Ziele identifiziert werden, die den interreligiösen Dialog stärken und zu einem besseren Verständnis und Zusammenarbeit zwischen den verschiedenen Glaubensrichtungen führen. Dieser Dialog kann dazu beitragen, Vorurteile abzubauen und Brücken zwischen den Religionen zu bauen, um gemeinsame Herausforderungen anzugehen und eine friedliche und gerechte Gesellschaft zu fördern.

Zölibat und die Zukunft der Kirche

Reformvorschläge

Das Thema des Zölibats wirft weiterhin Fragen über die Zukunft der katholischen Kirche auf und gibt Anlass zu zahlreichen Reformvorschlägen, die mögliche Entwicklungen in Betracht ziehen.

Diskussion über die Zölibatspflicht

Eine der zentralen Reformideen betrifft die Diskussion über die Zölibatspflicht für Priester. Einige Befürworter schlagen vor, dass das Zölibat optional gemacht werden sollte, wodurch Priester die Wahl hätten, ob sie zölibatär leben möchten oder nicht. Diese Flexibilität könnte dazu beitragen, den Priestermangel zu bekämpfen und die Vielfalt innerhalb des Klerus zu fördern.

Frauenordination

Ein weiterer Reformvorschlag betrifft die Ordination von Frauen. Einige Gläubige und Theologen plädieren dafür, Frauen den Zugang zum Priestertum zu ermöglichen, was zu einer größeren Geschlechtergleichheit und Vielfalt innerhalb der Kirchenstrukturen führen würde. Die Öffnung des Priestertums für Frauen könnte auch dazu beitragen, die Autorität der Kirche zu stärken und ihre Fähigkeit, auf die Bedürfnisse der Gläubigen einzugehen, zu verbessern.

Veränderungen in der Ausbildung und Lebensweise von Priestern

Reformvorschläge schlagen auch Veränderungen in der Ausbildung und Lebensweise von Priestern vor, um den Anforderungen der modernen Welt besser gerecht zu werden. Dazu könnten eine stärkere Betonung der psychologischen und sozialen Kompetenzen, eine verbesserte Unterstützungssysteme für Geistliche und eine größere Integration von Laien und Gemeindemitgliedern in die pastorale Arbeit gehören.

Globale Perspektive und interkultureller Austausch

Ein wichtiger Aspekt der Zukunft der Kirche ist die Betrachtung aus einer globalen Perspektive und der Förderung des interkulturellen Austauschs. Reformvorschläge könnten die Anerkennung und Wertschätzung der Vielfalt der kirchlichen Traditionen und Praktiken weltweit fördern, um eine inklusivere und gerechtere Kirche aufzubauen, die die Bedürfnisse und Anliegen aller Gläubigen berücksichtigt.

Insgesamt bieten Reformvorschläge im Zusammenhang mit dem Zölibat wichtige Impulse für die zukünftige Entwicklung der katholischen Kirche. Indem sie alternative Modelle und Ansätze in Betracht ziehen, können diese Reformen dazu beitragen, eine dynamische und anpassungsfähige Kirche zu schaffen, die den Herausforderungen der Zeit gerecht wird und die spirituellen Bedürfnisse der Gläubigen weltweit erfüllt.

Biografien bekannter Zölibate

Persönliche Geschichten

Die Lebensgeschichten bekannter Zölibate bieten faszinierende Einblicke in das Leben und Wirken dieser Persönlichkeiten sowie ihren Einfluss auf die Gesellschaft.

Therese von Lisieux

Eine der bekanntesten Zölibate ist Therese von Lisieux, eine französische Karmelitin, die im 19. Jahrhundert lebte. Therese trat bereits mit 15 Jahren in das Karmeliterkloster ein und verbrachte dort den Rest ihres Lebens in Gebet und Kontemplation. Sie wurde für ihre spirituellen Schriften und ihre Hingabe an Gott bekannt und gilt als eine der größten Heiligen der katholischen Kirche. Ihr Leben und ihre Lehren haben zahlreiche Gläubige inspiriert und beeinflusst.

Thomas Merton

Ein weiteres prominentes Beispiel ist Thomas Merton, ein amerikanischer Trappistenmönch und Schriftsteller des 20. Jahrhunderts. Merton trat in jungen Jahren in das Kloster ein und verbrachte dort viele Jahre seines Lebens in Gebet, Meditation und Schreiben. Er wurde für seine tiefgründigen theologischen Werke und sein Engagement für soziale Gerechtigkeit bekannt. Merton setzte sich für den interreligiösen Dialog ein und hatte einen bedeutenden Einfluss auf die spirituelle Landschaft des 20. Jahrhunderts.

Hildegard von Bingen

Eine weitere bemerkenswerte Figur ist Hildegard von Bingen, eine deutsche Benediktinerin des 12. Jahrhunderts. Hildegard war eine vielseitig begabte Frau, die als Mystikerin, Äbtissin, Komponistin, Schriftstellerin und Naturforscherin bekannt wurde. Sie setzte sich für die Rechte der Frauen in der Kirche ein und trat für eine ganzheitliche Sichtweise von Gesundheit und Spiritualität ein. Hildegards Leben und Werk haben einen bleibenden Einfluss auf die Gesellschaft und die Kirche hinterlassen.

Einfluss auf die Gesellschaft

Die Lebensgeschichten dieser bekannten Zölibate zeigen, dass das Zölibat nicht nur eine persönliche Entscheidung ist, sondern auch einen bedeutenden Einfluss auf die Gesellschaft haben kann. Durch ihr Beispiel der Hingabe an Gott, ihre spirituellen Lehren und ihre soziale Arbeit haben sie die Herzen vieler Menschen berührt und die Welt um sie herum verändert. Ihre Geschichten dienen als Inspiration und Ermutigung für Gläubige auf der ganzen Welt, ihrem Glauben treu zu bleiben und nach spiritueller Erfüllung zu streben.

Populäre Missverständnisse
über das Zölibat

Aufklärung über verbreitete Irrtümer

Das Zölibat ist ein Thema, das oft von Missverständnissen und falschen Vorstellungen begleitet wird. In diesem Kapitel werden einige der populären Missverständnisse über das Zölibat aufgeklärt und die damit verbundenen Irrtümer klargestellt.

Zölibat bedeutet Enthaltsamkeit von jeglicher Form der Sexualität

Ein verbreitetes Missverständnis über das Zölibat ist, dass es die Enthaltsamkeit von jeglicher Form der Sexualität erfordert. In Wirklichkeit bedeutet das Zölibat lediglich die freiwillige Entscheidung, sich dem ehelichen Leben zu enthalten und sich ganz Gott zu widmen. Es erlaubt jedoch nichtsexuelle Formen der Zuneigung und Intimität, wie zum Beispiel die liebevolle Beziehung zu Gemeindemitgliedern, Familie und Freunden.

Zölibat ist ein Zeichen für mangelnde Sexualität oder Unterdrückung

Ein weiteres Missverständnis ist, dass das Zölibat ein Zeichen für mangelnde Sexualität oder Unterdrückung ist. In der Realität wählen Menschen das Zölibat aus verschiedenen Gründen, darunter die Hingabe an Gott, die Konzentration auf geistliche Aufgaben und die Erfüllung einer Berufung zum Dienst in der Kirche. Das Zölibat kann eine bewusste und erfüllende Lebenswahl sein, die nicht zwangsläufig mit mangelnder Sexualität oder Unterdrückung verbunden ist.

Zölibat führt zwangsläufig zu Einsamkeit und Isolation

Ein weiteres verbreitetes Missverständnis ist, dass das Zölibat zwangsläufig zu Einsamkeit und Isolation führt. Während das zölibatäre Leben sicherlich mit bestimmten Herausforderungen verbunden sein kann, wie zum Beispiel der Abstinenz von romantischen Beziehungen und Familienleben, bedeutet es nicht zwangsläufig soziale Isolation. Zölibate sind oft Teil einer lebendigen Gemeinschaft von Gleichgesinnten, sei es in einem Kloster, einer Gemeinde oder anderen religiösen Gemeinschaften.

Zölibat ist eine veraltete und überholte Praxis

Ein weiteres weit verbreitetes Missverständnis ist, dass das Zölibat eine veraltete und überholte Praxis ist, die nicht mehr zeitgemäß ist. Trotz der Herausforderungen und Kontroversen bleibt das Zölibat eine wichtige spirituelle Praxis in verschiedenen religiösen Traditionen, die von vielen Gläubigen als sinnvoll und erfüllend empfunden wird. Es gibt auch weiterhin Menschen, die das Zölibat als Lebensweg wählen und darin eine tiefe spirituelle Erfüllung finden.

Klärung von Missverständnissen

Durch die Klärung dieser populären Missverständnisse über das Zölibat können wir ein genaueres Verständnis dieser spirituellen Praxis entwickeln und Vorurteile abbauen. Das Zölibat ist eine komplexe und vielschichtige Lebensentscheidung, die verschiedene Motivationen und Auswirkungen haben kann. Indem wir die verbreiteten Irrtümer über das Zölibat aufklären, können wir zu einem respektvolleren und informierteren Diskurs über dieses wichtige Thema beitragen.

Zölibat in Kunst und Literatur

Künstlerische Darstellungen

Das Zölibat hat im Laufe der Geschichte eine Vielzahl künstlerischer Darstellungen inspiriert, die sowohl in der bildenden Kunst als auch in der Literatur zu finden sind.

Diese Werke reflektieren die Vielschichtigkeit und Bedeutung des Zölibats in verschiedenen kulturellen Kontexten und bieten Einblicke in die persönlichen, spirituellen und gesellschaftlichen Dimensionen dieser Lebensweise.

Bildende Kunst

In der bildenden Kunst wurden Zölibate oft in religiösen Gemälden und Skulpturen dargestellt, die Szenen aus dem Leben von Heiligen und religiösen Figuren zeigen. Diese Darstellungen veranschaulichen häufig das zölibatäre Leben als eine Form der Hingabe an Gott und der spirituellen Reinheit. Beispiele dafür sind Gemälde von Heiligen wie Therese von Lisieux oder Franz von Assisi, die für ihre zölibatäre Lebensweise bekannt sind.

Darüber hinaus haben Künstler auch das Thema des Zölibats in metaphorischer und symbolischer Weise dargestellt, indem sie das Streben nach geistlicher Vollkommenheit und den Verzicht auf weltliche Begierden symbolisieren. Diese Werke laden

den Betrachter dazu ein, über die Bedeutung des Zölibats als spirituelle Praxis und Lebensweg nachzudenken.

Literarische Werke

In der Literatur finden sich zahlreiche Werke, die das Zölibat als zentrales Thema behandeln oder zölibatäre Figuren porträtieren. Romane, Gedichte und Theaterstücke erkunden oft die Herausforderungen und Konflikte, denen Zölibate gegenüberstehen, sowie die spirituellen und existenziellen Fragen, die mit dieser Lebensweise verbunden sind.

Ein Beispiel für ein literarisches Werk, das das Zölibat thematisiert, ist Thomas Manns Roman ›Der Erwählte‹, der die Geschichte eines jungen Mannes erzählt, der eine Berufung zum Priesteramt fühlt und sich den Herausforderungen des zölibatären Lebens stellen muss. Dieser Roman erforscht auf einfühlsame Weise die psychologischen und moralischen Aspekte des Zölibats und stellt Fragen nach Berufung, Hingabe und persönlicher Identität.

Insgesamt zeigen künstlerische Darstellungen und literarische Werke über das Zölibat die Vielfalt der Interpretationen und Perspektiven auf dieses Thema. Sie laden den Betrachter dazu ein, über die Bedeutung des Zölibats in verschiedenen kulturellen und spirituellen Kontexten nachzudenken und seine komplexen Dimensionen zu erkunden.

Zusammenfassung und Ausblick

Zusammenfassung der wichtigsten Erkenntnisse

Die Erfindung des Zölibats hat eine lange und komplexe Geschichte, die von verschiedenen kulturellen, religiösen und gesellschaftlichen Einflüssen geprägt ist.

In diesem Buch haben wir die Entwicklung des Zölibats von seinen frühesten Ursprüngen bis in die heutige Zeit untersucht und dabei verschiedene Aspekte und Dimensionen dieser spirituellen Praxis beleuchtet.

Wir haben gesehen, dass das Zölibat in verschiedenen religiösen Traditionen eine Rolle spielt und unterschiedlich interpretiert wird. Von den frühen Praktiken der Kirche bis hin zu den Reformbewegungen und Kontroversen der Neuzeit haben sich die Ansichten und Praktiken des Zölibats im Laufe der Geschichte verändert und weiterentwickelt.

Wir haben auch populäre Missverständnisse über das Zölibat aufgeklärt und die vielfältigen Motivationen und Auswirkungen dieser Lebensweise beleuchtet. Durch die Betrachtung von biografischen Beispielen bekannter Zölibate haben wir Einblicke in die persönlichen Geschichten und den gesellschaftlichen Einfluss dieser Persönlichkeiten gewonnen.

Ausblick auf mögliche Entwicklungen in der Zukunft

Was die Zukunft des Zölibats betrifft, so bleibt dieses Thema weiterhin Gegenstand von Diskussionen, Debatten und Reformvorschlägen innerhalb der Kirche und darüber hinaus. Mögliche Entwicklungen könnten Veränderungen in der kirchlichen Praxis, eine größere Vielfalt innerhalb des Klerus und eine stärkere Betonung der spirituellen Dimensionen des Zölibats umfassen.

Es ist jedoch wichtig anzumerken, dass das Zölibat eine komplexe und vielschichtige Lebensentscheidung ist, die tief in den religiösen Glauben und die spirituelle Praxis verwurzelt ist. Während sich die äußeren Formen und Strukturen des Zölibats im Laufe der Zeit ändern mögen, bleibt seine grundlegende Bedeutung als Ausdruck der Hingabe an Gott und der Suche nach geistlicher Vollkommenheit bestehen.

Insgesamt bietet das Zölibat weiterhin eine reiche Quelle der Reflexion und des Diskurses über die Bedeutung von Spiritualität, Sexualität und persönlicher Hingabe. Indem wir die Geschichte, die Praktiken und die Herausforderungen des Zölibats untersuchen, können wir nicht nur ein tieferes Verständnis dieser spirituellen Praxis entwickeln, sondern auch wertvolle Einblicke in die menschliche Suche nach Sinn und Erfüllung gewinnen.

Über den Autor

Lutz Spilker wurde im Jahre 1955 in Duisburg geboren.

Bevor er zum Schreiben von Romanen und Dokumentationen fand, verließen bisher unzählige Kurzgeschichten, Kolumnen und Versdichtungen seine Feder.

In seinen Büchern befasst er sich vorrangig mit dem menschlichen Bewusstsein und der damit verbundenen Wahrnehmung. Seine Grenzen sind nicht die, welche mit der Endlichkeit des Denkens, des Handelns und des Lebens begrenzt werden, sondern jene, die der empirischen Denkform noch nicht unterliegen.

Es sind die Möglichkeiten des Machbaren, die Dinge, welche sich allein in der Vorstellung eines jeden Menschen darstellen und aufgrund der Flüchtigkeit des Geistes unbewiesen bleiben. Die Erkenntnis besitzt ihre Gültigkeit lediglich bis zur Erlangung einer neuen und die passiert zu jeder weiteren Sekunde.

Die Welt von Lutz Spilker beginnt dort, wo zu Beginn allen Seins nichts Fassbares war, als leerer Raum. Kein Vorne, kein Hinten, kein Oben und kein Unten. Kein Glaube, kein Wissen, keine Moral, keine Gesetze und keine Grenzen. Nichts.

In Lutz Spilkers Romanen passieren heimtückische Morde ebenso wie die Zauber eines Märchens. Seine Bücher sind oftmals Thriller, Krimi, Abenteuer, Science Fiction, Fantasy und selbst Love-Story in einem.

»Ich liebe die Sprache: Sie vermag zu streicheln, zu liebkosen und zu Tränen zu rühren. Doch sie kann ebenso stachelig sein, wie der Dorn einer Rose und mit nur einem Hieb zerschmettern.«

In dieser Reihe sind bisher erschienen

Die Erfindung der Langeweile
Die Erfindung des Menschen
Die Erfindung des Geldes
Die Erfindung des Teufels
Die Erfindung des Erfolgs
Die Erfindung der Sterblichkeit
Die Erfindung der Lüge
Die Erfindung der Freiheit
Die Erfindung des Todes
Die Erfindung der Welt
Die Erfindung des Inselmenschen
Die Erfindung der Zeit
Die Erfindung der Seele
Die Erfindung der Politik
Die Erfindung des Gewissens
Die Erfindung der Religion
Die Erfindung der Schuld
Die Erfindung der Gerechtigkeit
Die Erfindung des Friedens
Die Erfindung des Selbstgesprächs
Die Erfindung der Zukunft
Die Erfindung der Pornographie
Die Erfindung der Verschwendung
Die Erfindung des Erwachsenseins
Die Erfindung der Hölle
Die Erfindung der Überbevölkerung
Die Erfindung des Himmels
Die Erfindung der Monarchie
Die Erfindung der Unterhaltung
Die Erfindung der Sprache

Die Erfindung der Musik
Die Erfindung der Wiedergeburt
Die Erfindung des Zufalls
Die Erfindung der Namen
Die Erfindung des Bewusstseins
Die Erfindung des freien Willens
Die Erfindung des Wahrsagens
Die Erfindung der Körpersprache
Die Erfindung des Schlafs
Die Erfindung der Sklaverei
Die Erfindung der Angst
Die Erfindung der Vernunft
Die Erfindung des Vollmonds
Die Erfindung des Vitamin B
Die Erfindung des Make-Up
Die Erfindung des Weihnachtsfestes
Die Erfindung des Ku-Klux-Klan
Die Erfindung des Träumens
Die Erfindung der Flaschenpost
Die Erfindung der Mafia
Die Erfindung der Freimaurer
Die Erfindung der Freibeuter
Die Erfindung der Raumfahrt
Die Erfindung der Tempelritter
Die Erfindung des ADHS-Syndroms
Die Erfindung der Homöopathie
Die Erfindung der Freizeitparks
Die Erfindung des Werwolfs
Die Erfindung des Astralkörpers
Die Erfindung des Zölibats
Die Erfindung des Herkules

Zeitfracht Medien GmbH
Ferdinand-Jühlke-Straße 7
99095 Erfurt, Deutschland
produktsicherheit@kolibri360.de